VARIÉTÉS

L'INFLUENCE DE L'ÉMIGRATION DES CAMPAGNES SUR LA NATALITÉ FRANÇAISE

Un article de M. Edwin Cannan, paru dans la *National Review* de janvier 1894, et intitulé : « Diminution de l'immigration vers les villes », nous a fourni l'occasion de pratiquer des fouilles dans la statistique démographique des principales villes de France. Nous y avons trouvé ce que nous cherchions et quelque chose de plus. Parlons d'abord de M. Edwin Cannan. Son article a été analysé devant la société de médecine publique par M. Levasseur. Le savant historien en a dégagé les données principales, à savoir : 1° que la période de 1881 à 1890, comparée à la période de 1871 à 1880, accuse un ralentissement dans l'immigration de la population rurale vers les villes anglaises ; 2° que l'augmentation de la population urbaine est due en majeure partie à l'excédent de la natalité, excédent qui provient non seulement d'une natalité élevée, mais aussi d'une diminution de la mortalité.

Voici les conclusions de M. Edwin Cannan :

« Le vieux temps où l'on pouvait sérieusement supposer que les grandes villes étaient impuissantes à maintenir leur population sans un excédent d'immigration paraît n'être plus, pour ce qui concerne l'Angleterre. La salubrité supérieure de la cité moderne leur permet d'accroître rapidement leur population rien que par l'excédent des naissances sur les décès, et il semble probable qu'à l'avenir nos grandes villes seront regardées comme le berceau plutôt que comme le tombeau de la population. »

Ces conclusions, si avantageuses pour les grandes villes anglaises, ont été contestées, à la société de médecine publique, par MM. Cheysson et Lagneau. Nous n'avons pas l'intention de les discuter à notre tour, mais seulement d'étudier le même problème pour les grandes villes de France.

Quel est le rôle de l'émigration des habitants des campagnes dans le mouvement de la population française? Cette émigration, constatée depuis de nombreuses années, persiste-t-elle? Cette émigration a-t-elle une influence sur la natalité et sur la mortalité réciproques des grandes villes et des campagnes ?

Ces questions, qui autrefois n'occupaient que les savants, sont dans l'esprit de tout le monde depuis que le nombre annuel des décès l'emporte, en France, sur le nombre annuel des naissances, ainsi que cela a été constaté pour les années 1890, 1891 et 1892 (1). En pleine paix européenne ce phénomène ne s'était pas produit depuis le commencement du siècle, depuis que la statistique française existe.

Quelles sont les causes d'un fait aussi anormal? Vraisemblablement, la plupart des causes qu'on a indiquées jusqu'ici — diminution du nombre des mariages, restrictions voulues dans les relations conjugales, accroissement de la morti-natalité, abus des boissons alcooliques — toutes ces causes contribuent, chacune pour une petite part, à accentuer le phénomène. Aucune d'elles cependant ne l'a créé. Toutes ensemble ne suffiraient sans doute pas à l'entretenir. Il doit y avoir une cause plus générale, agissant d'une açon permanente. Quelle est cette cause ?

Si l'on s'en tient à l'ensemble de la population française, les dénombrements opérés de cinq ans en cinq ans, depuis 1846, date de la distinction, dans la statistique, des populations urbaine et rurale, semblent démontrer que les grandes villes françaises continuent à recevoir un nombre toujours plus considérable d'habitants des campagnes.

En 1846, la population urbaine représentait les 24.42 pour 100, et la population rurale les 75.58 pour 100 de la population totale. En 1891, la population urbaine représentait 37.32 pour 100 et la population rurale 62.68 pour 100 de la population totale.

Voilà qui serait concluant si tout le monde admettait l'exactitude de la qualification d'urbaines et de rurales attribuée aux [communes de France, d'après le chiffre de leur population, et s'il ne résultait pas nécessairement de calculs portant sur l'ensemble du pays des compensations qui amortissent les traits caractéristiques du mouvement. Il faut donc serrer le problème de plus près, le scruter dans ses détails.

Les observations de M. Edwin Cannan portent sur les 20 villes les plus peuplées d'Angleterre, villes qui comprennent ensemble neuf millions et demi d'habitants, d'après le recensement de 1891.

Si nous n'avions fait porter les mêmes recherches que sur 20 villes françaises, nous aurions opéré sur un chiffre de population très inférieur à celui qu'a étudié M. Edwin Cannan, les grandes agglomérations urbaines anglaises comptant un plus grand nombre d'habitants que les agglomérations urbaines françaises.

____

(1) Les résultats statistiques de l'année 1893 sont moins mauvais.

Tableau A.

NOMS DES VILLES	POPULATION.		
1	En 1881 2	En 1886 3	En 1891 4
Amiens	74.170	80.288	83.654
Angers	68.049	73.044	72.669
Angoulême	32.567	34.647	36.690
Avignon	37.657	41.007	43.453
Besançon	57.067	56.511	56.055
Beziers	42.915	41.785	45.475
Bordeaux	221.305	240.582	252.415
Boulogne-sur-Mer	44.842	45.916	45.205
Boulogne-sur-Seine	25.825	30.084	32.569
Bourges	40.217	42.829	45.342
Brest	66.110	70.778	75.854
Caen	41.508	43.809	45.201
Calais	46.819	58.969	56.867
Cette	35.517	37.058	36.541
Cherbourg	35.691	37.013	38.554
Clermont-Ferrand	43.033	46.718	50.119
Clichy	24.320	26.741	30.698
Dijon	55.453	60.855	65.428
Douai	26.172	30.030	29.909
Dunkerque	37.328	38.025	39.498
Grenoble	51.371	52.484	60.439
Havre	105.867	112.074	116.369
Laval	29.889	30.627	30.374
Levallois-Perret	29.519	35.649	39.857
Lille	178.144	188.272	201.211
Limoges	63.765	68.477	72.697
Lorient	37.812	40.055	42.116
Lyon	376.613	401.930	438.077
Mans (le)	55.347	57.591	57.412
Marseille	360.099	376.143	403.749
Montauban	28.335	29.863	30.388
Montpellier	56.005	56.765	69.258
Nancy	73.225	79.038	87.110
Nantes	124.319	127.482	122.750
Nice	66.279	77.478	88.273
Nîmes	63.552	69.898	71.623
Orléans	57.264	60.826	73.705
Paris	2.269.023	2.344.550	2.447.957
Pau	29.971	30.624	33.111
Perigueux	25.969	29.611	31.439
Perpignan	31.735	34.183	33.878
Poitiers	36.210	36.878	37.497
Reims	93.823	97.903	104.186
Rennes	60.974	66.139	69.232
Roanne	25.425	30.402	31.380
Rochefort	27.854	31.256	33.334
Roubaix	91.757	100.299	114.917
Rouen	105.906	107.163	112.352
Saint-Denis	43.895	48.009	50.992
Saint-Etienne	123.813	117.875	133.443
Saint-Nazaire	19.626	25.575	30.935
Saint-Quentin	45.838	47.353	47.551
Toulon	70.103	70.122	77.747
Toulouse	140.289	147.617	149.791
Tourcoing	51.895	58.008	65.477
Tours	52.209	59.585	60.335
Troyes	46.067	46.972	50.330
Versailles	48.324	49.852	51.679
	6.254.676	6.581.317	6.945.167

Nous avons donc pris les 58 villes les plus peuplées de France; ce sont toutes celles dont la population est d'au moins 30,000 habitants. Ces 58 villes, répandues sur toute la surface du territoire, représentent les vrais foyers d'attraction de la population rurale. Au dessous de 30,000 habitants, la ville française n'offre plus ce mouvement de gens et d'affaires, cet étalage de capitaux, de marchandises, cette abondance de travaux bien rémunérés qui font ouvrir de grands yeux au paysan venu pour vendre ses denrées ou faire de menues emplettes, et qui finissent par le retenir.

Les 58 villes dont nous allons examiner la situation démographique représentent donc la population urbaine la plus active de la France contemporaine. Ensemble, elles comptent, d'après le recensement de 1891, sept millions d'habitants environ.

Le tableau A indique le nombre d'habitants de chacune de ces villes à chacun des recensements de 1881, 1886 et 1891. Pour la période de 1881 à 1886 l'augmentation a été de 359,931; pour la seconde période elle a été de 363,749 habitants.

Il s'agit de savoir quelle est, dans chacun de ces deux nombres, la part de l'excédent de natalité et quelle est la part de l'immigration.

Les colonnes 2 et 3 du tableau B indiquent quel a été, pour chacune des deux périodes, l'excédent de natalité : 67,623 d'une part, 55,848 de l'autre. Ces chiffres nous permettent déjà de constater que la natalité va en diminuant.

Connaissant les excédents de natalité il nous est facile de découvrir quelle a été l'immigration.

Soit G l'immigration, A l'augmentation de population résultant de la comparaison des recensements, N les excédents de natalité, M les excédents de mortalité, le chiffre de l'immigration doit être recherché par la formule suivante : $G = A - N + M$, c'est-à-dire, pour la première période :

$$G = 359,931 - 67,623 + 42,613 = 334,921.$$

et pour la seconde période :

$$G = 363,749 - 55,848 + 46,617 = 354,518.$$

Ainsi, l'immigration de la première période, pour l'ensemble des 58 villes, a été de 334,921 et celle de la seconde de 354,518, c'est-à-dire qu'il y a eu une augmentation, d'une période à l'autre, de 5.85 pour 100.

Le tableau C contient le détail de l'immigration pour chacune des 58 villes, dans chacune des deux périodes.

Tableau B.

NOMS DES VILLES	EXCEDENT DE			
	NATALITÉ		MORTALITÉ	
1	1re période 2	2e période 3	1re période 4	2e période 5
Amiens	417	61		
Angers			2.011	2.811
Angoulême			85	455
Avignon			1.076	1.560
Besançon			710	1.424
Beziers			321	1.171
Bordeaux			286	2.366
Boulogne-sur-Mer	1.525	1.217		
Boulogne-sur-Seine	153			56
Bourges	383			140
Brest			1.417	1.665
Caen			1.959	2.201
Calais	3.545	3.360		
Cette	46			127
Cherbourg			1.025	734
Clermont-Ferrand			1.295	1.701
Clichy	800	905		
Dijon	438			70
Douai	575	420		
Dunkerque	1.411	1.526		
Grenoble	148			274
Havre	1.182	632		
Laval			1.296	1.244
Levallois-Perret	647	23		
Lille	7.823	5.246		
Limoges	849			409
Lorient			162	8
Lyon			1.037	4.097
Mans (le)			1.234	1.758
Marseille			6.600	1.204
Montauban			1.120	998
Montpellier			2.027	2.163
Nancy		105	25	
Nantes			1.740	2.337
Nice	768	152		
Nîmes			1.477	1.446
Orléans			292	949
Paris	30.755	26.907		
Pau			312	687
Périgueux	179			106
Perpignan			195	32
Poitiers			645	576
Reims	1.359	1.184		
Rennes			1.722	1.551
Roanne	734	396		
Rochefort			225	27
Roubaix	6.793	6.666		
Rouen			2.755	2.583
Saint-Denis		767	1.185	
Saint-Etienne	1.960	984		
Saint-Nazaire	643	767		
Saint-Quentin	828	892		
Toulon			3.758	466
Toulouse			1.995	4.548
Tourcoing	3.662	3.638		
Tours			583	1.300
Troyes			565	4
Versailles			1.481	1.371
	67.623	55.848	42.613	45.519

Ainsi, voilà un point du problème résolu. En France, l'immigration vers les villes, loin de diminuer, augmente. Sans doute, d'une période à l'autre, cette augmentation n'est pas proportionnelle à la population des villes envahies, comme le voudrait M. Cannan. Mais pourquoi ce criterium ? On en cherche vainement la raison.

Les chiffres du tableau C ne représentent que le minimum de l'immigration. En effet, les enfants ne restent pas tous dans la ville où ils sont nés ; beaucoup sont envoyés en nourrice dans les communes rurales, et leur sortie masque une partie de l'immigration. Ainsi, à Paris, la comparaison des recensements et des excédents de natalité indique, pour la période de 1881 à 1886, une immigration de 44,772, et pour la période de 1886 à 1891, une immigration de 76,500. Or, voici la statistique des enfants mis en nourrice hors Paris pendant ces dix années :

1re période.		2e période.	
1882	16,087	1887.....	16,876
1883.....	16,739	1888.....	17,534
1884.....	16,718	1889.....	17,639
1885.....	15,631	1890.....	17,903
1886.....	16,466	1891.....	18,244
	81,641		88,196

Combien de ces enfants sont rentrés dans Paris? Combien sont morts en nourrice? D'après M. Cheysson (1), il meurt un enfant sur six nés à Paris et mis en nourrice hors de Paris. Il en serait donc mort 13,606 dans la première période et 14,699 dans la seconde ; de telle sorte que les chiffres de l'immigration réelle seraient 58,378 pour la première période et 91,199 pour la seconde.

La même observation s'applique aux grandes villes : Lyon, Marseille, Lille, Bordeaux, Toulouse, et même à des villes de second ordre (2) qui, à l'exemple de Paris, envoient leurs nourrissons à la campagne.

L'immigration est donc plus considérable que ne l'accusent les chiffres des colonnes 2 et 3 du tableau C.

Dans le tableau D, nous avons indiqué la moyenne de la natalité pour chacune des deux périodes. Dans 50 villes sur 58 la natalité a diminué. L'augmentation de la natalité ne s'est produite que dans les villes où l'immigration est restée stationnaire ou a diminué.

L'immigration aurait-elle donc une influence sur les proportions de la natalité ?

(1) *Revue d'hygiène*, 20 avril 1894, page 366.
(2) Grenoble, par exemple, où 30 p. 100 des nouveau-nés sont envoyés en nourrice hors de la ville. Dr Berlioz, *Annuaire des bureaux d'hygiène de la ville de Grenoble*, 1891.

Tableau C.

NOMS DES VILLES	Immigration et émigration		Ensemble des 2 périodes	
1	1re période 2	2e période 3	Immigration 4	Emigration 5
Amiens	5.701	3.305	9.006	
Angers	7.006	2.436	9.442	
Angoulême	2.165	2.498	4.663	
Avignon	4.426	4.000	8.432	
Besançon	154	1.412	1.566	
Beziers	— 809	4.861	4.052	
Bordeaux	19.563	14.199	33.762	
Boulogne-sur-Mer	— 451	— 1.928		2.379
Boulogne-sur-Seine	4.106	2.541	6.647	
Bourges	2.229	2.653	4.882	
Brest	6.085	6.741	12.826	
Caen	4.260	3.593	7.853	
Calais	8.605	— 6.720	1.885	
Cette	1.495	— 634	861	
Cherbourg	2.347	2.275	4.622	
Clermont-Ferrand	4.980	5.102	10.082	
Clichy	1.621	3.052	4.673	
Dijon	4.964	4.643	9.607	
Douai	3.283	— 541	2.742	
Dunkerque	— 714	— 53		767
Grenoble	965	8.229	9.194	
Hàvre	5.025	3.663	8.688	
Laval	2.034	991	3.025	
Levallois-Perret	5.483	4.185	9.668	
Lille	2.305	7.693	9.998	
Limoges	3.863	4.629	8.492	
Lorient	2.405	2.069	4.474	
Lyon	26.354	40.244	66.598	
Mans (le)	3.475	1.579	5.054	
Marseille	22.644	28.810	51.454	
Montauban	2.648	1.523	4.171	
Montpellier	2.787	14.656	17.443	
Nancy	5.838	7.967	13.805	
Nantes	4.903	— 2.395	2.508	
Nice	10.431	10.643	21.074	
Nîmes	7.823	3.171	10.994	
Orléans	3.854	3.828	7.682	
Paris	44.772	76.500	121.272	
Pau	965	3.174	4.139	
Périgueux	3.463	1.934	5.397	
Perpignan	2.643	— 273	2.370	
Poitiers	1.313	1.195	2.508	
Reims	2.721	5.099	7.820	
Rennes	6.887	4.644	11.531	
Roanne	4.243	582	4.825	
Rochefort	3.627	2.105	5.732	
Roubaix	1.749	7.952	9.701	
Rouen	4.012	7.772	11.784	
Saint-Denis	5.299	2.216	7.515	
Saint-Etienne	7.898	14.584	6.686	
Saint-Nazaire	5.306	4.593	9.899	
Saint-Quentin	687	— 694		7
Toulon	3.777	8.091	11.868	
Toulouse	9.323	6.722	16.045	
Tourcoing	2.451	3.831	6.282	
Tours	7.959	2.050	0.009	
Troyes	1.470	3.362	4.832	
Versailles	3.009	3.198	6.207	
Immigrations	311.503	366.759	658.305	
Emigrations	9.872	13.238	3.153	3.153
Reste, immigrations	301.631	353.521	655.152	

Il faut, pour s'en rendre compte, rechercher le caractère précis de l'immigration.

Quelles sont les gens de la campagne qui immigrent vers les villes ?

Il est de notoriété publique que ce sont presque tous des jeunes gens. La statistique confirme cette information générale. Le tableau E indique, en effet, que, dans les villes qui reçoivent des immigrés, la population comprend une bien plus forte proportion de personnes de 20 à 40 ans que dans les villes dont la population émigre.

En premier lieu, il faut compter, parmi les émigrants, les filles et garçons qui se destinent à la domesticité. Les filles surtout sont en nombre considérable. D'après le dénombrement de 1891, il y a en France 1,609,432 domestiques, dont 1,042,245 du sexe féminin. C'est la campagne qui fournit la presque totalité des personnes de cette profession ; les gens, même misérables, nés dans les villes, ont peu d'estime pour la domesticité. L'exode le plus incessant, le plus considérable des habitants des campagnes se produit donc en vue du service familial.

Parmi les hommes, beaucoup se laissent tenter par les salaires relativement élevés de certaines professions ouvrières ; ils ne se rendent pas compte qu'on n'y réussit qu'après un laborieux apprentissage. La plupart cependant sont attirés par les métiers qui semblent n'exiger aucune étude préalable, par les emplois dans les chemins de fer, les omnibus, les tramways, par les places d'homme de peine et de garçons dans les grands magasins, dans les maisons de banque, etc.

Que deviennent tous ces jeunes gens ? En désertant les campagnes atteignent-ils du moins le but qu'ils se sont proposé ?

D'abord les femmes. A Paris, au refuge-ouvroir de la rue Fessart, où l'on donne l'hospitalité aux femmes indigentes sans travail, les admissions, en 1891, ont été de 1,867, se décomposant ainsi :

Parisiennes	179
Etrangères.	284
Provinciales	1,404

A Saint-Lazare, les détenues, en 1882 et 1883, étaient, savoir :

1882.		1883.	
Parisiennes . .	1,988	Parisiennes . . .	2,151
Etrangères . .	39	Etrangères . . .	40
Provinciales . .	5,763	Provinciales . .	5,946

Côté des hommes. Pendant l'année 1893, les refuges de nuit municipaux ont donné asile à 96,776 hommes qui comprenaient, savoir :

Parisiens.	22,642
Provinciaux	74,134

Soit une proportion de plus de 76 pour 100 d'immigrants.

Les arrestations de personnes des deux sexes opérées à Paris, en 1891, ont été au nombre de 41,713, comprenant :

Parisiens.   13,809
Etrangers   2,900
Provinciaux   25,004

Enfin, le nombre des personnes des deux sexes secourues à domicile par l'assistance publique est, en chiffres proportionnels :

Nécessiteux :	Parisiens.	33,1	pour 100
	Etrangers.	10,1	—
	Provinciaux	56,8	—
Indigents :	Parisiens.	20,3	—
	Etrangers	1,8	—
	Provinciaux	77,9	—

Ces statistiques prouvent que les campagnards venus à Paris pour y chercher la fortune y trouvent surtout la misère qui les conduit, les femmes à la prostitution, les hommes à la mendicité ou au crime, dans de telles proportions qu'ils arrivent à représenter 75 pour 100 du personnel des prisons ou des pensionnaires de l'assistance publique.

En 1893, à l'asile de nuit de Bordeaux, où la moyenne annuelle des admissions est de 7,140, on a compté 94,6 pour 100 d'individus étrangers au département. Sur l'ensemble des hospitalisés 73,3 pour 100 ont moins de 40 ans.

Il en est de même à Aix et probablement aussi dans toutes les grandes villes où existent des asiles de nuit, mais dont nous ne possédons pas de statistiques spéciales.

Dans un mémoire sur les asiles de nuit présenté à la Société internationale pour l'étude des questions d'assistance, M. le docteur Drouineau fait cette remarque :

« Il n'est pas indifférent de constater qu'une proportion de 72 pour 100 de la population des asiles n'a pas dépassé 40 ans ; qu'elle appartient par conséquent à la portion jeune et valide, et il n'est pas téméraire de penser que ce n'est pas elle qui fournit le plus de ces vagabonds professionnels dont on redoute avec raison la paresse et les désordres. Bien au contraire, on peut y voir la preuve du malaise social qui pousse de bonne heure à l'émigration du village ou de la petite ville, vers les centres industriels et populeux et dans lesquels le travail manuel a l'espoir d'être employé » (1).

Ces faits ne sont pas connus des habitants des campagnes, les immi-

____

(1) *Bulletin de la Société internationale pour l'étude des questions d'assistance.* Tome V, n° 2, page 104.

grants qui ont succombé dans la lutte ne donnant pas de leurs nou-
velles, et cela par amour-propre. C'est l'amour-propre qui les em-
pêche de faire connaître leur véritable situation, c'est l'amour-propre
qui les retient à la ville, quoique malheureux. Qui n'a pas eu l'occasion
de dire à quelqu'un de ces pauvres diables : « Mais enfin, pourquoi
ne retournez-vous pas chez vous ? — Oh ! cela, non jamais ! j'aime
mieux mourir de faim ici. »

Au contraire, toutes les jeunes filles du village savent qu'une telle,
cuisinière de grande maison, met assez d'argent à la caisse d'épargne
pour acheter tous les deux ou trois ans un lopin de terre ; elles savent
que telle autre est devenue une dame, qu'elle porte de magnifiques
toilettes, des bijoux de prix, qu'elle habite un bel appartement ; les
jeunes gens racontent qu'un de leurs camarades, valet de chambre pendant huit ou dix ans, a acheté un fonds de marchand de vins, qu'il
gagne 20,000 francs par an et se retirera bientôt après fortune faite.
Ils ne comprennent pas que c'est là l'histoire de quelques rares privi-
légiés, plus heureux ou mieux constitués, moralement et physiquement.
Des morts on n'en parle guère. Morts de misère ou morts de maladie,
c'est tout un : les morts sont des nigauds de « s'être laissé mourir ».
On se tâte, on fait des projets, on se plaint du soleil qui est trop chaud,
du froid qui donne l'onglée, on envie ceux qui sont toujours sous un
toit et qui « ne se la foulent pas ». A la première discussion avec les
vieux parents on prend le chemin de la ville.

Tous les jeunes gens qui désertent le village n'enlèvent pas seulement
des bras à l'agriculture, suivant l'expression consacrée, ils privent la
commune de ses meilleurs producteurs. Les instituteurs qui tiennent
les registres de l'état civil ne se lassent pas de répéter : « On fait bien
encore quelques enfants, pour s'occuper en hiver, mais il n'y a plus
que des vieux au village, tous les jeunes gens sont partis à la ville ».
Voilà comment la natalité rurale baisse.

Celle de la ville baisse également et par le fait de ces mêmes jeunes
gens. Il semble que ce devrait être le contraire : que l'arrivée d'hommes
et de filles bien portants, jeunes, disposés à tous les plaisirs de la vie,
devrait procurer à la ville qui les reçoit un supplément de natalité. Il
n'en est rien.

Dès leur arrivée, les immigrants se mettent en quête de travail à la
journée, ou d'une place. Ceux qui trouvent, reconnaissent bientôt que
ce n'est pas aussi amusant qu'ils le croyaient, ni aussi rémunérateur ;
que, si on gagne davantage en espèces, on dépense aussi davantage.
Les bonnes places sont rares ; même là où un apprentissage semblait
inutile on fait de la mauvaise besogne. Les maîtres, au bureau, à l'ate-
lier, à l'office, à l'écurie sont difficiles ; ils commandent sans pitié, ils

Tableau D.

| NOMS DES VILLES | Natalité p. 1,000 h. Moyenne de la | | Augmentation | Diminution | Natalité moyenne de 1882 à 1891 | Combien d'immigrés de 1882-1891 par 1,000 hab. (D. de 1891) |
| | 1re période | 2e période | | | | |
1	2	3	4		6	7
Amiens	26.9	23.4		3.5	25.1	107.6
Angers	21.3	19.8		1.5	20.5	129.9
Angoulême	22.»	19.6		2.4	20.8	127.»
Avignon	22.»	20.2		1.8	21.1	194.»
Besançon	23.3	19.2		4.1	21.2	27.7
Beziers	25.1	21.7		3.4	23.4	89.1
Bordeaux	22.3	21.5		0.8	21.9	133.7.
Boulogne-sur-Mer	31.1	29.2		1.9	30.1	».
Boulogne-sur-Seine	26.»	26.1	0.1		26.»	204.»
Bourges	20.8	18.7		2.1	19.7	107.6
Brest	25.6	26.9	1.3		26.2	169.»
Caen	19.1	18.8		0.3	18.9	173.7
Calais	39.4	34.»		5.4	36.7	33.1
Cette	29.2	26.»		3.2	27.6	23.5
Cherbourg	22.2	22.1		0.1	22.1	119.8
Clermont-Ferrand	20.4	16.6		3.8	18.5	201.1
Clichy	31.9	30.9		1.»	31.4	152.2
Dijon	23.8	21.3		1.5	22.5	146.8
Douai	25.3	22.1		3.2	23.7	9r.6
Dunkerque	35.9	34.5		1.4	35.2	».
Grenoble	20.8	22.1	1.3		21.4	152.1
Le Hâvre	32.7	31.9		0.8	32.3	74.6
Laval	19.3	19.5	0.2		19.4	99.5
Levallois-Perret	27.5	26.1		1.4	26.8	242.5
Lille	34.8	30.5		4.3	32.6	49.6
Limoges	25.1	23.»		2.1	24.»	116.8
Lorient	26.»	27.5	1.5		26.7	106.2
Lyon	22.9	19.7		3.2	21.3	152.»
Mans (le)	21.1	19.9		1.2	20.5	88.»
Marseille	28.9	28.4		0.5	28.6	127.»
Montauban	18.2	17.4		0.8	17.8	137.2
Montpellier	24.5	22.1		2.4	23.3	251.8
Nancy	24.7	23.4		1.3	24.»	158.4
Nantes	21.8	20.6		1.2	21.2	20.4
Nice	37.2	27.»		10.2	32.1	238.7
Nîmes	24.»	21.2		2.8	22.6	153.4
Orléans	22.7	22.6		0.1	22.6	120.5
Paris	27.4	24.8		2.6	26.1	49.5
Pau	20.9	18.1		2.8	19.5	123.»
Perigueux	23.4	23.3		0.1	23.3	171.6
Perpignan	30.4	25.5		4.9	27.9	69.9
Poitiers	21.8	18.9		1.9	20.3	66.8
Reims	31.3	28.8		2.8	30.»	75.»
Rennes	27.6	23.9		3.7	25.2	166.5
Roanne	27.3	25.3		2.»	26.3	153.7
Rochefort	20.»	23.7	3.7		21.8	171.9
Roubaix	36.6	34.3		2.3	35.4	84 4
Rouen	28.1	25.2		2.9	26.6	104.8
Saint-Denis	30.1	29.4		0.7	29.7	147.3
Saint-Etienne	26.6	25.7		0.9	26.1	50.1
Saint-Nazaire	31.1	29.»		2.1	30.»	319.9
Saint-Quentin	27.6	26.8		0.8	27.2	»
Toulon	23.9	22.4		1.5	23.1	152.6
Toulouse	21.1	18.2		2.9	19.6	107.1
Tourcoing	34.1	34.»		0.1	34.»	95.9
Tours	22.3	19.7		2.6	21.»	165.8
Troyes	26.7	26.5		0.2	26.6	96.»
Versailles	18.9	19.1	0.2		19.»	120.1
Moyenne des 58 villes	25.8	24.»			24.9	

veulent être servis pour leur argent, quelquefois au-delà. On est humilié, on éprouve quelques velléités de révolte bien vite réprimées par cette pensée : « Si on me renvoyait, comment mangerais-je » ? La peur de la faim est le commencement de la résignation. Cette peur, qu'on ne connaît pas au village, s'implante dans l'esprit. Là-bas, les « miséreux » qui venaient geindre à la porte étaient des vieillards ou des infirmes ; ici, à la ville, on en voit de tout âge qui tendent la main et on en connaît, de vingt ans, qui n'osent pas demander et qui ne savent où trouver un morceau de pain. La faim est la plus criante, la plus exigeante des nécessités humaines ; les autres ne se produisent que lorsque celle-là est satisfaite.

Ce n'est pas le moment de penser aux joies du ménage. Les femmes trouvent, sans la chercher, une amie qui leur apprend le moyen de vivre à l'aise en s'amusant. D'abord, elles redoutaient les enfants ; bientôt elles reconnaissent que la fréquence et la variété des contacts sont les plus sûrs obstacles à la grossesse. Pour l'homme aussi les amours accidentelles, improductives, garantissent de beaucoup de tracas. La plupart pensent et disent que la vie leur serait insupportable s'ils entendaient les gémissements d'une femme et d'enfants criant la faim. On est endurant pour soi-même, on n'a pas le droit de l'être pour les autres. Un jour de ripaille compense plusieurs jours de peine. Et puis, l'espoir reste : on finira bien par réussir.... En attendant, on va à l'hôpital.

Pour bien juger de l'influence de l'immigration sur la natalité des grandes villes, il faut étudier les chiffres des tableaux C et D. On y voit que la diminution de la natalité est surtout sensible dans les villes où l'immigration reste considérable ou est en voie d'augmentation.

Sur 58 villes, 7 seulement ont vu s'élever leur natalité, ce sont : Boulogne-sur-Seine, Brest, Grenoble, Laval, Lorient, Rochefort et Versailles.

A Boulogne-sur-Seine et à Versailles, la progression est insignifiante ; elle s'explique d'ailleurs par la nature de l'immigration ; les immigrés sont des gens aisés, venant de Paris, qui cherchent un logement moins cher qu'à Paris et surtout plus aéré, plus vaste, plus commode pour les enfants nés ou à naître.

Dans les ports de mer, Brest, Lorient, Rochefort, l'élévation de la natalité s'explique également par le caractère des immigrés. Ce sont, non pas des paysans venus de l'intérieur, des « terriens », mais des côtiers, des pêcheurs, des ouvriers de port qui changent de résidence parce qu'ils espèrent gagner davantage dans une grande ville que dans les petits ports où ils sont nés, gens très prolifiques et qui immigrent en famille. A Brest, à Lorient, à Rochefort, ils continuent le métier qu'ils exerçaient ailleurs et, restés prolifiques, procurent à leur ville adoptive un supplément de natalité.

A Grenoble et Laval, la natalité s'est un peu relevée, malgré l'immigration ; mais la natalité de ces deux] villes est encore inférieure à la natalité générale de la France. Le relèvement est d'ailleurs si infime qu'il y a tout lieu de craindre qu'il ne soit que provisoire.

L'exemple des villes où se confirme l'influence funeste de l'immigration sur la natalité est plus significatif. L'immigration moyenne, pour la France entière, étant (1881 à 1891) de 31.6 p. 1.000 habitants, on peut considérer comme considérable l'immigration qui dépasse la proportion de 100 p. 1.000 habitants. Tel est le cas de 30 villes sur 58, en dehors de celles dont nous venons de parler. Or, dans ces 30 villes, il y a diminution de la natalité.

A Angoulême, la natalité a diminué, d'une période à l'autre, de 2.4 p. 1.000 : l'immigration a augmenté.

A Besançon, la natalité a diminué dans une proportion considérable, 4.1 p. 1.000 : l'immigration a augmenté de plus de 88 p. 100 (1).

A Bourges, la natalité a diminué de 2.1 p. 1.000 : l'immigration a augmenté.

A Clermont-Ferrand, la natalité a diminué de 3.8 p. 1.000 : l'immigration a augmenté.

A Clichy, la natalité a diminué de 1 p. 1.000 : l'immigration a augmenté.

A Lille, la natalité a diminué dans la proportion énorme de 4.3 p. 1.000 : l'immigration a plus que triplé.

A Limoges, la natalité a diminué de 2.1 p. 1.000 : l'immigration a augmenté.

A Lyon, la natalité a diminué dans la proportion considérable de 3.2 p. 1.000 : l'immigration a augmenté de 34.5 p. 100.

A Marseille, la natalité n'a diminué que de 0.5 p. 1.000 : l'immigration n'a, il est vrai, augmenté que de 21.3 p. 100.

A Montpellier, la natalité a diminué de 2.4 p. 100 : l'immigration a augmenté de 80 p. 100.

A Nice, la natalité a diminué dans la proportion invraisemblable de 10.2 p. 1.000, bien que l'immigration, toujours considérable, n'ait pas sensiblement augmenté. Cela tient sans doute à ce que la population

______

(1) A Besançon, le nombre des célibataires adultes est de 36.78 p. 100 de la population totale, proportion très élevée, puisque la moyenne, pour la France entière, est de 23.2 et pour Paris de 27.6. Si encore ces célibataires !... Mais la natalité illégitime elle-même diminue à Besançon : d'une moyenne de 224 p. 1.000 des naissances générales, qui a duré plus de 15 ans, elle est descendue, depuis 5 ans, à 200.2 p. 1.000.

Tableau E.

Noms des grandes villes qui reçoivent des immigrés	Combien sur 100 hab. de personnes de 20-40 ans	Noms des petites villes dont la population émigre	Combien sur 100 hab. de personnes de 20-40 ans
Amiens	35.3	Andelys (les)	24.3
Angers	51.»	Aubenas	26.2
Angoulême	37.»	Aubin	28.7
Avignon	38.5	Aubusson	25.7
Besançon	40.2	Avallon	26.6
Béziers	30.9	Bagnères-de-Bigorre	26.»
Bordeaux	39.4	Bédarieux	21.4
Boulogne-sur-Mer	30.3	Bourganeuf	22.6
Boulogne-sur-Seine	32.7	Briec	26.3
Bourges	37.4	Cancale	21.»
Brest	47.»	Carpentras	28.4
Caen	36.»	Cavaillon	23.1
Calais	34.3	Châteaubriant	25.4
Cette	38.6	La Châtre	26.8
Cherbourg	44.4	Crest	26.9
Clermont-Ferrand	39.»	Crozon	24.6
Clichy	35.4	Etampes	18.9
Dijon	36.7	Florac	24.6
Douai	37.8	Forcalquier	25.7
Dunkerque	34.1	Gourdon	24.4
Grenoble	43.4	Hasparren	24.1
Hâvre	35.9	Languidic	26.4
Laval	34.7	Lectoure	25.9
Levallois-Perret	35.8	Loudéac	25.»
Lille	37.8	Martignes	25.2
Limoges	36.6	Marvejols	23.8
Lorient	37.4	Mège	25.9
Lyon	37.8	Moëlan	24.9
Mans (le)	37.3	Moissac	26.»
Marseille	39.3	Montmorillon	26.»
Montauban	37.»	Nérac	27.1
Montpellier	33.4	Noirmoutier	26.2
Nancy	49.1	Nontron	27.»
Nantes	33.7	Oloron-Sainte-Marie	24.4
Nice	39.»	Orange	22.8
Nîmes	35.8	Plérin	27.2
Orléans	36.7	Pleyben	26.4
Paris	40.»	Ploërmel	25.8
Pau	33.6	Pont-l'Abbé	26.7
Périgueux	34.2	Prades	28.5
Perpignan	32.9	Revel	26.7
Poitiers	37.»	Ribérac	25.3
Reims	34.9	Ruffec	17.5
Rennes	38.6	Saint-Affrique	26.1
Roanne	34.6	Saint-Calais	28.1
Rochefort	40.6	Saint-Jean-d'Angely	25.7
Roubaix	32.8	Saint-Léonard	25.»
Rouen	36.3	Saint-Pons	25.3
Saint-Denis	34.8	Saint-Sever	28.»
Saint-Etienne	36.2	Sarlat	24.4
Saint-Nazaire	30.9	Sartène	22.4
Saint-Quentin	33.3	Semur	27.5
Toulon	47.2	Tournus	26.6
Toulouse	31.1	Uzès	26.5
Tourcoing	31.2	Vertou	24.2
Tours	39.1	Le Vigan	26.6
Troyes	34.»	Yvetot	24.9
Versailles	44.1	Yzeure	26.6
Moyenne des 58 grandes villes	**37.6**	**Moyenne des 58 petites villes**	**25.3**
La France entière	**29.8**	**La France entière**	**29.8**

de Nice était autrefois composée d'Italiens, qui sont prolifiques même hors de leur pays (en France, plus de 36 p. 1.000), tandis que depuis quelques années l'immigration est surtout composée de Français et d'étrangers, malades ou mondains particulièrement improductifs.

A Paris, la natalité a diminué de 2.6 p. 1.000 : l'immigration a augmenté de 41. 4 p. 100.

On peut encore citer Pau, Reims, Roubaix, Rouen, Toulon, Troyes, où le même phénomène s'est produit dans des proportions diverses.

Dans quelques villes la natalité a diminué bien que l'immigration soit restée stationnaire ou même ait baissé. Mais il importe de remarquer qu'à l'égard de périodes aussi courtes que celles envisagées ici (cinq années), il y a souvent répercussion d'une période sur l'autre : bien des effets constatés dans la seconde ont leur cause dans la première. Quelquefois aussi l'augmentation de l'immigration s'est produite tout entière dans la dernière année de la deuxième période et ses effets ne se feront sentir que dans une période ultérieure. Du reste, l'immigration par à coups, comme elle se produit dans certaines villes, Amiens, Angers, Béziers, Calais, — surtout Calais où l'on constate une immigration de 8,605 dans la première période et une émigration de 6,720 dans la seconde ! — Cette, Douai, Nantes, Perpignan, Saint-Etienne, — Saint-Etienne où, de près de 8,000 émigrés, on passe à plus de 14,000 immigrés ! — Cette immigration intermittente ne peut être étudiée que sur place et année par année. Pour ces villes, il est inutile de chercher une loi générale ; les phénomènes démographiques y sont constamment troublés par les phénomènes économiques, grèves, travaux exceptionnels, droits de douane, qui font la fortune ou la ruine de certaines industries, attirent les immigrants ou les chassent.

Il résulte des chiffres de la colonne 4 du tableau C que, en 10 ans, l'immigration des campagnes vers les 58 villes principales de France a augmenté de 655,152 individus la population de ces villes. En supposant cette immigration également répartie sur chacune des 10 années, il est facile de déterminer l'influence des immigrants sur les chiffres de la natalité. Voici cette détermination pour l'ensemble des 58 villes :

Tableau F.

ANNÉES 1	Moyenne pour les 58 villes du taux de la natalité 2	Quelle aurait été la moyenne pour les 58 villes du taux de la natalité sans l'immigration 3	Différence proportionnelle en plus 4
1882......................	26.8	27.1	0.3
1883......................	27.5	28.1	0.6
1884......................	27.1	28.»	0.9
1885......................	26.4	27.5	1.1
1886......................	25.5	26.8	1.3
1887......................	25.»	26.5	1 5
1888......................	25.1	27.»	1.9
1889......................	25.1	27.2	2.1
1890......................	23.5	25.7	2.2
1891......................	24.»	26.5	2.5
Moyenne........	25.6	27.»	1.4

S'il n'y avait pas eu immigration, la natalité, qui a été, en moyenne, pour les 10 années et pour les 58 villes, de 25.6 par 1.000 habitants, aurait été de 27. C'est-à-dire que les immigrants ont occasionné dans la statistique de la natalité un abaissement annuel de 1.44 p. 1.000 habitants, soit, en chiffres absolus, un manquement moyen annuel de 8,640 naissances, et pour les 10 années un manquement total de 86,400 naissances (1).

Ainsi, de 1882 à 1891, plus de 655,000 habitants des campagnes ont immigré dans les 58 villes principales de France. Ces immigrés étaient, en très grande majorité, des adultes de 20 à 40 ans, célibataires. Par suite de l'encombrement et des chômages que cette affluence même occasionne dans beaucoup de corps de métiers, ces nouveaux venus ont éprouvé de grandes difficultés à vivre et ont dû consacrer toute leur énergie à la question matérielle de l'existence. Ils se sont conduits comme des voyageurs en marche qui ne veulent rien voir des plus agréables paysages et renvoient toutes les affaires après le souper. Il faut d'abord atteindre l'auberge, s'attabler, satisfaire sa faim ; ensuite, on causera, on aimera. Au point de vue de la reproduction de l'espèce, les immigrants ont été, dans les villes, comme s'ils n'existaient point. Néanmoins, ils ont fait nombre dans la statistique, et, par suite de leur

(1) Nécessairement, le calcul ci-dessus ne tient pas compte de l'immigration antérieure à 1882. Si cette immigration avait pu figurer dans le tableau F, la différence serait moins grande entre les résultats de 1882 et ceux de 1891.

présence, le taux de la natalité, qui aurait été de 27 p. 1000 habitants, n'a été que de 25.6.

On pourra dire que c'est là une perte fictive, une perte sur le papier. Quoique cette thèse soit discutable, nous n'insistons pas.

La natalité n'a pas baissé seulement dans les villes; elle a baissé bien davantage même, dans les campagnes. Ici, on ne peut pas dire que la perte n'est point effective.

Ces 655,000 jeunes gens qui ont surtout produit, dans les villes, des malades pour les hôpitaux, des mendiants, des prostituées et des criminels, auraient créé des familles s'ils étaient restés dans leur commune originaire. Ils y représentaient les éléments les plus actifs, les plus entreprenants, les moins capables de se modérer, ceux qui fourragent partout où l'occasion s'en présente, l'hiver dans les greniers, l'été sous bois ou dans les meules de foin. Il serait surprenant que leur absence n'ait pas fait baisser le taux de la natalité. Elle l'a fait baisser plus que toute autre cause. Ce qui le prouve, c'est que dans les départements dont la population rurale n'émigre point ou émigre peu, la natalité rurale reste très élevée. Ainsi, dans l'Aude, la natalité rurale est de 27.9 p. 1.000; dans le Finistère, de 36.8; dans la Haute-Loire, de 27.2, dans la Loire-Inférieure, de 27.8; dans la Haute-Vienne, de 31.1; dans le Morbihan, de 31.6; dans les Pyrénées-Orientales, de 31. Alors que pour l'ensemble de la France la natalité urbaine est supérieure à la natalité rurale, c'est le contraire dans les départements dont la population rurale reste dans ses foyers.

Voici, pour l'ensemble de la France, de 1882 à 1890, le mouvement de la natalité dans la population rurale :

Tableau G.

ANNÉES	POPULATION	NAISSANCE	Proportion par 1,000 h.
1882	24 545.481	593.056	24.1
1883	24.515.456	589.173	24.»
1884	24.485.431	586.493	23.9
1885	24.455.406	573.509	23.4
1886	24.425.379	564.756	23.1
1887	24.346.683	555.326	22.3
1888	24.267.787	533.638	21.9
1889	24.189.291	529.231	21.8
1890	24.110.595	501.255	20.7
1891	24.031.900	(?)	(?)

Tableau H.

NOMS DES VILLES	Mortalité p. 1,000 h. Moyenne de la		Augmenta-tion	Diminution	Mortalité moyenne de 1882 à 1891	Combien d'immi-grés de 1882-1891 par 1,000 hab. (D. de 1891)
	1re période	2e période				
Amiens	25.8	23 3		2.5	24.5	107.6
Angers	27.1	27.5	0.4		27.3	129.9
Angoulême	22.6	21.3		1.3	21.9	127.»
Avignon	27.2	27.6	0.4		27.4	194.»
Besançon	25.8	24.2		1.6	25.»	27.7
Beziers	26.6	27 1	1.5		26.8	89.1
Bordeaux	22.6	23.4	0.8		23.»	133.7
Boulogne-sur-Mer	24.4	23.8		0.6	24.1	» .
Boulogne-sur-Seine	25.»	26.4	1.4		25.7	204.»
Bourges	18.9	19.3	0.4		19.1	107.6
Brest	29.7	31.4	1.7		30.5	169.»
Caen	28.2	28.7	0.5		28.4	173.7
Calais	26.3	22.3		4.»	24.3	33.1
Cette	29.1	26.7		2.4	27.9	23.5
Cherbourg	27.8	26.1		1.7	26.9	119.8
Clermont-Ferrand	26.1	23.6		2.7	24.8	201.1
Clichy	25.7	24.7		1.»	25.2	152.2
Dijon	22.3	21.5		0.8	21.9	146.8
Douai	21.2	19.2		2.»	20.2	91.6
Dunkerque	28.5	26.6		1.9	27.5	» .
Grenoble	20.3	23.1	2.8		21.7	152.1
Hàvre	30.5	30.8	0.3		30.6	74.6
Laval	27.9	27.7		0.2	27.8	99.5
Levallois-Perret	23.6	25.9	2.3		24.7	242.5
Lille	26.3	25.2		1.1	25.7	49.6
Limoges	22.5	24.1	1.6		23.3	116.8
Lorient	26.8	27.8	1.»		27.3	106.2
Lyon	23.4	21.6		1.8	22.5	152.»
Mans (le)	25.5	26.»	0.5		25.7	88.»
Marseille	32.4	29.»		3.4	30.7	127.»
Montauban	25.9	24.»		1.9	24.9	137.2
Montpellier	31.6	28.8		2.8	30.2	251.8
Nancy	24.7	23.2		1.5	23.9	158.4
Nantes	24.5	24.4		0.1	24.4	20.4
Nice	35.1	26.6		.5	30.8	238.7
Nîmes	28.4	25.3		2.9	26.8	153.4
Orléans	23.7	23.7			23.7	120.5
Paris	25.»	22.6		2.4	23.8	49.5
Pau	22.9	22.3		0.6	22.6	125.»
Périgueux	22.2	24.1	1.9		23.1	171.6
Perpignan	31.6	25.7		5.9	28.6	69.9
Poitiers	25.3	22.»		3.3	23.7	66.8
Reims	28.5	26.4		2.1	27.4	75.»
Rennes	32.9	28.5		4.4	30.7	166.5
Roanne	22.1	22.8	0.7		22.4	153.7
Rochefort	21.6	23.9	2.3		22.7	171.9
Roubaix	22.5	22.1		0.4	22.3	84.4
Rouen	33.3	31.9		1.4	32.6	104.8
Saint-Denis	35.2	26.4		8.8	30.8	147.3
Saint-Etienne	23.3	24.1	0.8		23.7	50.1
Saint-Nazaire	25.7	23.7		2.»	24.7	319.9
Saint-Quentin	24.1	21.7		2.4	22.9	» .
Toulon	34.6	25.4		9.2	30.»	152.6
Toulouse	24.2	24.3	0.1		24.2	107.1
Tourcoing	22.7	22.6		0.1	22.6	95.9
Tours	24.3	24.»		0.3	24.1	165.8
Troyes	29.1	26.8		2.6	27.8	96.»
Versailles	25.3	24.4		0.9	24.8	120.1
Moyenne des 58 villes	26.2	24.9			25.5	

On le voit, l'abaissement de la natalité rurale est continu et considérable. De 24,1 pour 1,000 en 1882, la natalité est tombée à 20,7 en 1890, soit 3,4 pour 1,000 de diminution. En chiffres absolus cela constitue une perte annuelle de plus de 91,000 naissances. Et cette perte ne représente que l'écart entre les résultats de 1882 et ceux de 1890 ; antérieurement à 1882 la natalité rurale avait déjà diminué. Il n'est donc pas exagéré d'évaluer à 100,000 par an la diminution réelle, effective des naissances occasionnée dans les communes rurales et les petites villes, par l'émigration.

C'est bien, en effet, l'émigration qui est responsable de l'abaissement de la natalité. Une preuve de plus, après tant d'autres, c'est que la France n'a pas le privilège de cet abaissement. On le constate dans des pays où il est impossible de l'imputer à la dégénérescence de la race ou aux restrictions conjugales. Cet abaissement se produit, depuis quelques années, en Russie, en Allemagne, en Italie, en Angleterre. S'il est permis de supposer que, dans des pays d'extrème et vieille civilisation, la population se préoccupe, dans l'union des sexes, des inconvénients d'une trop nombreuse progéniture, au point de vue de la division de la propriété et de l'entretien des enfants, il est certain que les spéculations philosophiques et économiques, cauchemars de quelques littérateurs, les calculs d'intérêt privé ne troublent point les plaisirs des rudes paysans de la Russie. Or, là aussi la natalité diminue ; et là, comme en Allemagne, comme en France, la population se porte en foule vers les villes. C'est donc bien à l'émigration des campagnes que doit être attribué l'abaissement universel de la natalité.

Dans son étude sur les grandes villes anglaises M. Edwin Cannan a affirmé que, si la population de ces villes continue à augmenter, bien que l'immigration se soit arrêtée, c'est que la mortalité, ayant sensiblement diminué, laisse des excédents de natalité plus considérables que par le passé.

Les grandes villes de France, sous le rapport de la mortalité, sont dans une situation très inférieure à celle des grandes villes anglaises : néanmoins, il est facile de constater (tableau H) que dans un certain nombre d'entre elles il s'est produit, depuis quelques années, une amélioration appréciable, par exemple à Calais, à Marseille, à Nice, à Perpignan, à Rennes, à Saint-Denis, à Toulon. Une petite part de cette amélioration peut, sans doute, être attribuée aux progrès de l'hygiène ; mais il faut bien convenir qu'elle paraît due surtout à l'abaissement du taux de la natalité, puisque les plus gros chiffres de cet abaissement correspondent aux plus gros chiffres de diminution de la mortalité. Théoriquement, l'hygiène a fait des progrès sensibles, c'est-à-dire que le nombre est aujourd'hui considérable des savants, des législateurs, même des municipalités qui reconnaissent la nécessité d'une organisation de l'hygiène publique ; malheureusement, la législation existante ne fournit pas aux autorités centrale et communale les pouvoirs nécessaires pour préserver la santé publique (1).

Malgré les quelques améliorations locales signalées ci-dessus le taux de la mortalité, pour l'ensemble des 58 villes principales de France, pendant la période 1886-1891, a été de 24,9 pour 1,000 habitants. En Angleterre, on considère que, lorsque le taux de la mortalité est supérieur, pendant sept années consécutives, à 23 pour 1,000 habitants, il y a danger public, et dans ce cas l'autorité centrale a le droit d'intervenir pour contraindre l'autorité communale à prendre des mesures énergiques de préservation (2). Si l'on tient compte que le taux de mortalité de 23 pour 1,000 en Angleterre est à peu près l'équivalent du taux de 22 pour 1,000 en France, à raison de la différence du nombre des nouveau-nés, qui partout forment un des gros contingents de la mortalité, il est certain que la France tout entière devrait être soumise à une désinfection méthodique et sévère.

Mais, l'hygiène suffira-t-elle à réparer tout le mal existant ? Dans les grandes villes, le taux de la mortalité se trouve influencé, comme celui de la natalité, par l'immigration. Nous avons trouvé, parmi les villes où l'immigration est le plus considérable, Angers, Avignon, Boulogne-sur-Seine, Bourges, Brest, Caen, Grenoble, Levallois-Perret, Limoges, Lorient, Périgueux, Roanne, Rochefort, Toulouse, etc. Or, toutes ces villes sont en état de mortalité croissante.

Cela s'explique. S'il est possible d'amener peu à peu aux pratiques de l'hygiène privée et publique une population stable, ayant des intérêts de famille et de propriété permanents, la même influence n'existe plus vis-à-vis d'immigrants qui n'ont ni biens ni parents à préserver, et qui, dans la lutte acharnée qu'ils soutiennent pour la conquête des moyens d'existence, deviennent indifférents aux précautions sanitaires. Aussi, les immigrants forment-ils la majorité des pensionnaires de l'assistance publique, à domicile et dans les hôpitaux. Quoique, pour la plupart, dans la force de l'âge, ils offrent à la mort une proie facile. Cela est tellement évident qu'il serait oiseux d'insister.

Pendant la période de 1886 à 1891 la mortalité est passée, dans les 58 grandes villes, de 26,2 pour 1,000 à 24,9 : elle a diminué de 1,3 pour 1.000. Dans le même temps, la natalité est passée de 24,3 à 22,7

____

(1) La Chambre des députés a voté d'urgence, le 27 juin 1893, un projet de loi dite de préservation de la santé publique. Ce projet, transmis immédiatement au Sénat, attend encore son tour de discussion.

(2) Henri Monod. *Les mesures sanitaires en Angleterre*. Masson, 1891, p. 61.

pour 1,000 : elle a diminué de 1,6 pour 1,000. Cette dernière proportion de 1,6 pour 1,000 représente à peu près le taux de la mortalité infantile. On peut donc admettre que l'amélioration de la mortalité est due surtout à la diminution de la natalité. La part de cette amélioration provenant des progrès de l'hygiène a été annulée par les conséquences de l'immigration sur la natalité et sur la mortalité.

En résumé, s'il est vrai — et cela paraît très contestable — que les grandes villes anglaises ne doivent plus qu'aux excédents de natalité l'augmentation de leur population, il n'en est pas de même en France. Ici, les campagnards continuent à se porter en foule vers les villes, la natalité va sans cesse en diminuant et la mortalité reste à peu près stationnaire.

Tout cela, on le savait, ou du moins on le tenait pour certain.

Le fait jusqu'à présent resté dans l'ombre, qui jaillit en quelque sorte des statistiques ci-dessus, c'est que l'émigration des campagnes vers les villes est la cause principale, la cause mécanique de la diminution du taux de la natalité, à l'étranger aussi bien qu'en France. Cette cause agit par elle-même, comme la pesanteur dans le système des mondes. Cela explique la puissance et l'universalité de ses effets.

Si l'on tient à voir le taux de la natalité s'élever en France, il faut donc chercher, non pas à contraindre les femmes françaises à avoir des enfants — ce qui paraît difficile — mais bien à procurer au paysan de telles conditions de bien-être qu'il ait intérêt à ne pas déserter la commune natale. Le problème, quoique laborieux, n'est peut-être pas insoluble.

HENRI LANNES.

Contraste insuffisant ou
différent, mauvaise qualité
d'impression

Under-contrast or different,
bad printing quality